ESSAIS

SUR

L'ESPRIT DES LOIS COLONIALES.

PAR M. DE BOVIS,

AVOCAT ET PROPRIÉTAIRE A LA GUADELOUPE.

PARIS,

DE L'IMPRIMERIE D'ÉVERAT, RUE DU CADRAN, Nº. 16.

1820.

AVERTISSEMENT.

———

Dans mon passage de la Guadeloupe en France, en Juin 1820, j'ai profité de ces premiers momens d'oisiveté pour jeter sur le papier quelques idées qui peuvent être utiles, soit en France où l'on a peu de connaissance des Colonies, soit aux Colonies où l'on s'occupe des moyens d'appliquer les Codes à leur régime. Ces idées sont suffisantes pour ceux qui voudront les méditer de bonne foi : des développemens ne pourraient que leur nuire.

———

ESSAIS

SUR

L'ESPRIT DES LOIS COLONIALES.

———❦———

I.

Les îles qui sont devenues les Colonies, ont été découvertes, et ont appartenu aux puissances sous le pavillon desquelles on en a pris possession.

II.

Le Roi, comme Souverain, a fait des concessions dans les îles de sa Souveraineté, et y a attiré des familles françaises pour fonder des Colonies.

III.

Le climat ne permettait point aux Blancs européens de soutenir les travaux de la terre dans les îles.

Le sol était propre à la culture des plantations dont le produit était envié par l'Europe, notamment des cannes à sucre. Ce n'était d'ailleurs que sous ce rapport, que ces possessions pouvaient être de quelque utilité à leur Métropole. Le produit de ces plantations ne pouvait s'obtenir que par le concours d'un certain nombre d'hommes attachés à la manufacture où devait se former ce produit : sans ce concours assuré, point de manufacture.

De là, la nécessité d'avoir des Noirs pour cultiver les Colonies, et qu'ils y fussent esclaves.

On peut donc définir *l'esclavage* dans les Colonies, la condition nécessaire d'avoir un nombre assuré de Noirs pour l'établissement et le maintien des manufactures.

IV.

Ce motif étant le seul qui ait déterminé *l'esclavage*, il en résulte que l'esclavage dans les Colonies ne consiste point, comme on peut le croire ailleurs, et comme il a existé ou existe en d'autres pays, dans un droit arbitraire, ou de vie et de mort, sur les individus qui sont dans cet esclavage.

Au contraire, cette condition a été réglée par un édit très-sage, en date du mois de mars 1685, connu sous le nom de Code noir.

On voit dans cet édit les obligations des maîtres envers les esclaves, et le sort de ces derniers y est établi de telle manière qu'il n'est pas de contrée en Europe où les cultivateurs puissent en avoir de plus favorable (1).

V.

Ce sont les vaisseaux français qui ont été chercher les Noirs qu'on a importés aux îles et qui ont été vendus aux Colons.

C'est avec ces Noirs et les avances qui ont été faites aux Colons, que ceux-ci ont formé les manufactures à sucre, café, coton et autres denrées (2).

***

(1) Les bornes de cet ouvrage ne nous permettent point d'entrer dans les détails et les développemens. Les antagonistes des colonies qui saisissent le mal et déguisent le bien, diront que les dispositions de cet édit n'ont pas toujours été suivies, et que beaucoup de maîtres abusent de leur pouvoir. Cela peut être vrai, mais ce n'est pas la faute des lois ; il s'agit d'y tenir la main. On sait bien que les meilleures institutions ne sont pas à l'abri des torts et des fautes de ceux qui y sont assujétis. Ce n'est pas une raison pour les détruire, ni encore moins pour faire triompher un système contraire. Notre objet est de faire connaître l'esprit des lois coloniales, celui qui dérive de leur nature et qui est essentiel à leur conservation. Nous pouvons seulement répondre à des faits opposés, par le tableau bien réel et bien général de la multitude des Noirs qui sont sur les habitations, et qui jouissent de l'aisance et du bonheur, fruit de leur bonne conduite et de la confiance de leurs maîtres.

(2) C'est une question, hors de notre objet actuel, de savoir si la traite est bonne ou non, légitime ou non. Nous raisonnons sur ce qui s'est passé et sur les conséquences qui en résultent par rapport aux Colons jusqu'à l'époque de l'abolition de la traite. Quant à la question en elle-même, nous pourrions la considérer sous deux rapports : 1°. Sous celui de l'état des Noirs au lieu de la traite ; 2°. sous celui de leur état dans le lieu où ils ont été transplantés.

Sous le premier, l'on ne peut que répéter ce qui a été attesté généralement sur ces peuplades continuellement en guerre, et ne pouvant faire et

VI.

6°. Il résulte de ce qui vient d'être dit, que les principes de régénération ou de réforme, ne peuvent s'exercer sur l'espèce dont il s'agit ; 1°. parce que des Noirs provenus de traite étrangère, ne peuvent entrer dans la composition de la nation française et être associés à ses droits.

2°. Parce que la dépendance dans laquelle ils sont, étant purement relative aux biens des Colonies dont

---

se rendre des prisonniers qui seraient à l'instant de nouveaux ennemis. La destruction ou l'exportation est le seul parti existant dans cet ordre de choses. La cessation de ce dernier moyen ne peut que renouveler le premier.

Sous le second rapport, on ne peut que remettre sous les yeux des gens impartiaux le tableau de l'esclavage tel qu'il a été réglé par l'édit de 1685.

L'abolition de la traite, présidée par une puissance supérieure qui aurait pu amener un autre ordre de choses entre les peuplades dont nous parlons, aurait pu faire résoudre la question d'une manière avantageuse.

Pourquoi cette question n'a-t-elle pas été vue d'une autre manière dans d'autres temps ? N'est-il pas bien constant que ce sont ceux qui l'ont proposée et qui l'ont fait résoudre, qui ont fait ce commerce avec le plus d'activité ?

La question de la traite considérée isolément, ne peut être vue que d'une manière odieuse ; mais combinée avec le besoin des colonies, et avec cette ressource offerte à ces diverses nations destinées à s'entre-détruire, elle cesse de l'être.

Ce qui n'échappe à la vue de personne, c'est le moment de la solution à l'époque où elle se lie avec le projet d'extinction des colonies, pour faire place à un autre ordre de choses plus approprié à la puissance qui veut ce sacrifice, et où la même question de légitimité et de moralité n'est pas présentée pour le moment.

cette dépendance fait l'essence , elle ne peut être assimilée à un privilége purement glorieux et tendant à établir une vaine distinction.

VII.

Il en résulte également que tout changement qu'on voudrait introduire dans le sort des Colonies , ne pourrait se faire sans indemniser les propriétaires, parce que la condition des maîtres envers leurs esclaves n'étant point une vaine distinction , mais bien celle essentielle à la nature des biens et l'effet d'une acquisition faite de la propriété sans laquelle ces mêmes biens ne pourraient avoir aucune valeur, il serait contraire à tous les principes du droit public de porter atteinte à cette propriété ; car il serait aussi inique qu'une portion d'un peuple dépouillât l'autre, qu'un souverain , sous quelque dénomination que ce soit , abusât de son pouvoir pour enlever, à une partie de ses sujets , ses propriétés.

VIII.

Il résulte encore de ce qui a été dit, qu'à part les considérations primitives qu'on vient d'établir, tout esprit de réforme sur ce sujet ne pourrait être que préjudiciable et contraire à son objet, parce que, s'il est bien reconnu que l'esclavage des Noirs, de la manière qu'il a été expliqué, est la condition nécessaire à l'existence des manufactures, la conséquence d'un système contraire doit-être l'anéantissement des manufactures et par suite celui des Colonies (1).

IX.

Entre les Blancs, ou Européens français, qui ont formé les colonies, et les Noirs tirés de la côte d'Afrique, il est évident qu'il n'existe originairement aucun intermédiaire. Quelque nuance dans les couleurs qu'ait pu produire le mélange des Blancs avec les femmes esclaves, la classe essentiellement blanche est inaltérable, et tout ce qui se trouve de sang mêlé passe dans la masse des Noirs.

C'est cette démarcation ineffaçable entre les Blancs et tout ce qui n'est pas Blanc, qui forme dans les Colonies le préjugé salutaire et essentiel, à la faveur duquel elles jouissent de ce repos qui serait un problème inexplicable dans une aussi grande disproportion entre la population blanche et l'autre ; et c'est cette opinion de respect et de supériorité, imprimée généra-

---

(1) Nous avons vu le résultat de cette terrible vérité, dans l'état de cette immense et florissante Colonie, qui est devenue le partage de ses esclaves. Elle verra nécessairement réaliser toutes les conséquences qui doivent faire avorter les illusions des partisans de cette espèce de philantropie ; après les guerres intestines et à mort, dont elle sera le théâtre, elle cessera d'être une Colonie, c'est-à-dire, une contrée établie en manufactures à sucre, à moins que celui qui s'y emparera du pouvoir, ne force tous ses semblables à travailler comme des esclaves en forme d'ateliers. Or, si c'est l'anéantissement des Colonies ou leur perte pour les Français, qui doit faire l'accomplissement des vœux de certaines personnes, il faut qu'elles nous en offrent les dédommagemens, soit en politique, soit dans le tableau de l'humanité.

lement dans tout ce qui n'appartient pas à la classe des Blancs envers ceux-ci, qui est le seul ressort de la tranquillité et de la sûreté dont jouissent ces possessions. Une garnison n'est que le simulacre d'une force qui serait impuissante contre le dérangement de ces idées (1).

Ce préjugé ne doit blesser l'intérêt de personne, puisqu'il n'appartient à personne de pouvoir en changer le rapport, et que chacun y trouve la mesure de l'exercice de ses actions. Il est encore bien moins susceptible du contrôle de la métropole, puisque les Blancs seuls sont les Français ou leurs descendans, les seuls qu'elle puisse avouer pour appartenir à la nation Française.

X.

Nous avons vu que les Blancs avaient acheté les Noirs venus de la côte d'Afrique; et en conséquence, tout ce qui n'était point les Blancs, était esclave. Il a dû dépendre d'eux de retirer de l'esclavage les individus qui leur appartenaient; mais à ce contrat de l'affranchissement le souverain préside comme à celui de l'esclavage, si nous pouvons nous exprimer ainsi. Tout

---

(1) Rien n'est comparable à cette sécurité qui règne dans les Colonies. Un habitant y dort les portes ouvertes, sans avoir besoin de s'entourer d'aucune garde. On peut, à toute heure du jour et de la nuit, cheminer à pied ou à cheval, sans aucune précaution. Cette paix est l'image de celle où sont toutes choses par le seul effet de cette opinion dont le moindre trouble est capable d'amener les plus funestes conséquences.

ceci éloigne l'idée de l'arbitraire sur les personnes, qui est présumé assez généralement. Les lois sur l'af-franchissement existent comme celles sur l'esclavage.

Il n'en est pas moins vrai que l'affranchissement ne pouvant avoir lieu sans le désistement de la propriété, la condition de l'affranchissement ne peut tourner au préjudice du maître, qui est censé n'avoir consenti au désistement, que sous le bénéfice des lois qui empê-chent que cette mutation ne soit dangereuse pour lui et pour tous.

XI.

La faveur de l'affranchissement pouvant s'exer-cer sur toute la population autre que les Blancs, il est clair que les affranchis peuvent être de toutes les cou-leurs, depuis les Noirs jusqu'aux Blancs exclusivement; qu'ainsi c'est mal-à-propos qu'on admettrait dans le langage une dénomination particulière de *gens de cou-leur*. Cette dénomination est purement schismatique; elle tient à des prétentions qui ont été imaginées dans un but contraire à la paix des Colonies, et qui tendrait à faire concourir des nuances de couleurs avec la cou-leur blanche. Mais indépendamment de ce que cette prétention est essentiellement réprouvée par l'attribution de la qualité de Blanc, qui est le type de la représenta-tion nationale et libre, elle détruirait ce préjugé que nous avons fait remarquer, et qui est le symbole de la sûreté des Colonies, parce que la population soumise à ce préjugé ne saurait en être frappée envers ceux qui sont ses dérivés, soit par la couleur, soit par l'esclavage.

XII.

De cette vérité, que l'affranchissement est un acte auquel l'intéret du maître et de tous appartient, il résulte que la condition des affranchis a dû être réglée, de manière qu'en faisant jouir l'affranchi de tous les biens que son industrie et sa liberté peuvent lui procurer, il ne soit point admis dans la latitude de l'état politique qui n'appartient qu'aux membres de la grande association nationale de laquelle ceux dont l'affranchi est extrait ne font point partie, et qui ferait disparaître la nuance que l'intérêt de la sûreté coloniale doit conserver immuablement (1).

Sans entrer dans le détail des lois faites par le souverain sur les affranchis, il suffit de dire que tout ce qui constitue cette partie du régime colonial, est bien une dépendance de notre propriété; car l'affranchissement étant une disposition spontanée de cette propriété, les conséquences ne peuvent en être usurpées par un autre pouvoir, sans attaquer le droit de la propriété, et il faut dire plus, celui de la sûreté qui tient essentiellement au premier, dans un ordre de choses où la

---

(1) Les affranchis jouissent, devant la justice, des mêmes droits que les Blancs, et la plus grande impartialité règne dans les tribunaux, entre les uns et les autres.

propriété dépend du nombre d'hommes par lesquels elle peut-être mise en valeur (1).

XIII.

Le pacte établi entre la métropole et ses Colonies, a été que celles-ci recevraient de la France seule toutes les provisions qu'elle pourrait leur fournir, et que les Colonies lui livreraient exclusivement toutes les denrées, qui devaient être, réciproquement, consommées de préférence à celles des étrangers.

Dans ce pacte, deux parties sont intéressées : les Colonies et le commerce de France.

Le commerce de France n'est pas identiquement les négocians, en plus ou moins grande partie, des places de commerce. Le commerce de France est l'intérêt invariable de la France dans ses rapports extérieurs, et doit conséquemment être réglé d'après des données stables qui doivent amener un résultat approprié à l'avantage de la France.

L'intérêt des négocians ou de quelques négocians

______

(1) Le régime des Colonies a été exclusivement réservé au Roi dans la Charte. En effet, il est sensible que des questions de cette nature eussent été agitées avec infiniment de danger pour des Colonies dont la sûreté dépend entièrement de l'opinion. Comme cette sûreté est confiée au pouvoir royal, c'est à ce pouvoir de régler, dans sa sagesse, tout ce qui peut être déterminé dans l'intérêt de toutes les classes, pour conserver cette sûreté. Tout le monde sait les conséquences qui résultèrent de la violation de cette prérogative, et aussitôt que les assemblées se livrèrent à des discussions sur le régime des Colonies.

des places de commerce peut n'être pas le même que celui défini ci-dessus. Cet intérêt peut consister à s'approprier, par des spéculations temporaires, un avantage qui soit au détriment de l'avantage national.

L'intérêt national devient régulateur et arbitre, lorsque cet intérêt particulier s'écarte de celui général dont il est question dans le pacte ci-dessus.

Par exemple, en ce moment de grandes spéculations ont été faites et autorisées pour introduire de lieux autres que les Colonies, une quantité considérable de sucres qui s'obtiennent dans ces lieux-là à un prix infiniment au-dessous de celui auquel on peut les laisser dans les Colonies.

Sans approfondir la question de l'utilité de ces spéculations pour la France, nous nous bornerons d'abord à dire que cette concurrence écrase les sucres des Colonies. D'un autre côté, ceux des négocians français qui suivent le commerce des Colonies, exigent à la rigueur l'observation des lois prohibitives, qui sont l'exécution du pacte rigoureux défini ci-dessus.

Mais est-il dans la justice, qu'une partie soit soumise à son contrat, et que l'autre en soit déliée ?

Si cependant on examinait la question des spéculations dont il s'agit, on la trouverait dans le sens particulier que nous avons fait remarquer, et on reconnaîtrait du moins que rien ne peut les autoriser.

D'abord, il est constant que les Colonies de la Guadeloupe et de la Martinique fournissent tout le sucre nécessaire à la consommation de la France.

En second lieu , le débouché des sucres étrangers est un avantage direct qui est procuré à des contrées en rivalité de commerce avec nous. Ces sucres se retirent avec des sommes d'argent qu'on y apporte , sans compter les droits locaux ; ce qui est un principe respectivement ruineux et lucratif.

On prétend pallier ces torts par le débouché de quelques articles de la France ; mais qu'est-ce que c'est qu'une si faible considération auprès d'un désavantage aussi marqué pour notre nation?

Quoi qu'il en soit, les sucres de l'étranger ressortent avec bénéfice sur notre propre marché où les sucres de nos propres Colonies sont avilis.

Il en résulte qu'une partie de ceux-ci s'écoule sur les lieux par la voie de la contrebande , et que les Colonies découragées deviennent à charge à la France, ou qu'elles doivent être abandonnées à elles-mêmes. Cette dernière conséquence serait d'ailleurs celle de l'inexécution du pacte auquel la Métropole manquerait (1).

---

(1) Si les sucres des Colonies sont suffisans pour la consommation de la France, il faut en conclure que les sucres étrangers doivent être mis à l'entrepôt, à moins qu'on ne voulût décider qu'il faille faire subir ce sort à ceux de nos propres Colonies. Alors c'est l'enfant de la maison qui en sera exclu pour faire place à l'étranger ; car la concurrence, même à égalité de droits et de charges à payer, qui ne paraît pas juste, serait illusoire,

Cependant les amateurs d'un système national ne penseront pas que des Colonies, qui sont une propriété de la France et qui offrent un fonds constant pour le commerce de la Métropole, qui ont été formées par un si long laps de temps, et qui sont liées par les affections de famille et de patrie avec cette métropole, doivent être abandonnées pour des spéculations chez des

---

parce que les Colons ne peuvent fabriquer le sucre à aussi peu de frais qu'on le fait, par exemple, dans l'Inde.

Cette cause, qui demanderait un développement plus étendu, mérite l'attention de la France. (*)

(*) En arrivant au Hâvre, nous avons appris que les Chambres législatives s'étaient occupées de cette question à l'occasion du budget; et en effet, elle leur appartenait, parce qu'il ne s'agit pas du régime intérieur de la colonie.

Ce premier résultat fait comprendre qu'on a connu et senti l'intérêt dont il s'agit, et doit faire espérer mieux; car le but n'est pas atteint. Il s'agit, en effet, moins d'une affaire de droits à payer, que de la concurrence entre les Colonies françaises qui suffisent à la consommation, et les contrées étrangères à la France. Peu importe qu'on nous impose moins, et qu'on les impose plus; peu importe qu'on puisse prendre du sucre chez l'étranger, pourvu qu'il n'exclue pas le nôtre en l'admettant à la consommation. Il nous vaudrait mieux être imposés d'avantage, et n'être pas exposés à la concurrence.

C'est l'intérêt du consommateur que cette proportion regarde plus que nous : les Chambres qui tiennent la balance, ont tout à peser. Encore nous remarquerons que dans le projet présenté par la commission de la chambre des Députés, on avait établi une échelle de proportion plus forte que celle qui a été arrêtée sur des réclamations; mais ces réclamations sont calculées sur le taux que l'intérêt des spéculateurs a cru pouvoir accorder pour parvenir aux mêmes fins, toujours en partant du prix auquel ils peuvent faire ressortir leurs marchandises par suite de leurs spéculations, de manière à offrir un meilleur marché sur la place, que l'on ne pourra laisser la nôtre. Ce n'est qu'un palliatif, ce sont toujours des spéculations étrangères qui sont travesties, ce sont des parasites qui vivent aux dépens de la famille.

Si des considérations politiques peuvent faire accorder une différence aux sucres de Saint-Domingue, ils peuvent ne pas être sujets à l'entrepôt; mais il est juste de les charger plus que ceux des Colons français, qui sont soumis à des conditions que l'on ne supporte pas à Saint-Domingue.

Du reste nous avons vu avec plaisir que l'esprit général des places de commerce, est en faveur de notre cause, et que les commissions des deux Chambres ont professé les principes nationaux sur lesquels nous nous établissons.

2

étrangers qui peuvent à leur gré fermer la porte à cette nouvelle voie. On sentira, au contraire, que ces spéculations passagères doivent être entièrement subordonnées à l'avantage de relever les Colonies françaises, de les associer à l'intérêt national, en nationalisant leurs produits par le juste privilège qu'ils doivent obtenir et qui n'est d'ailleurs que la réciprocité des conditions dont on continue à exiger l'exécution avec la rigueur primitive (1).

L'intérêt de l'État se trouve aussi dans un objet de protection qui donne à notre marine, et à notre pavillon, un essor et une utilité dont elle n'est pas sans besoin.

Nous devons ajouter que les deux Colonies de la Guadeloupe et de la Martinique sont les plus belles des Antilles, et qu'elles sont susceptibles de la plus haute prospérité, si on veut les faire jouir des avantages qui doivent appartenir à des Colonies françaises.

XIV.

Les lois civiles de la France, celles qui sont du ressort des tribunaux, sont communes à tous les Colons.

______

(1) Les Anglais savent bien apprécier l'avantage de n'offrir aucune balance, même la plus éloignée, à tout ce qui n'est pas de leur crû. Pendant la dernière guerre, les sucres des Colonies françaises qu'ils avaient conquises, importés chez eux par leurs propres bâtimens et par leurs propres négocians, ont été mis à l'entrepôt jusqu'à la paix : on peut s'en rapporter à eux sur l'intérêt national de ces spéculations dont nous parlons et sur l'opinion qu'il faut en porter.

C'est en ceci que consistent l'union et l'identité des Français des Colonies et de ceux de la Métropole. Les mêmes tribunaux les régissent , les mêmes lois les gouvernent : tous ne font qu'une même famille.

XV.

Les localités rendent quelques modifications nécessaires ; mais les modifications ne changent point les principes des lois : c'est à quoi il faut prendre garde. Dire que les lois ne sont pas susceptibles de modifications , c'est dire que les Colonies sont d'une conformité parfaite avec la Métropole : ce qui est une absurdité.

Il faut que le Code des modifications soit uniforme pour les Colonies semblables, de manière que la Cour de Cassation puisse être fixée dans l'examen des procès. La Cour de Cassation ne peut trouver étranges les amendemens que la nature des lieux peut apporter aux institutions originales; elle ne demande qu'à les connaître.

XVI.

Anciennement, la Cour supérieure , qualifiée de Conseil supérieur , réglait ces modifications.

Le Code civil fut envoyé le premier aux Colonies , alors qu'il n'existait pas de Conseil supérieur; il fut publié avec des modifications différentes dans les Colonies de la Martinique et de la Guadeloupe , suivant l'opinion des chefs de ces deux Colonies.

Les Codes de procédure et de commerce arrivèrent à l'époque où la Colonie de la Martinique était tombée au pouvoir de l'Anglais : ils ne furent publiés qu'à la Guadeloupe.

Le passage de cette dernière Colonie, sous la domination britannique, forçait à des changemens occasionés par la séparation de la métropole. L'expérience avait appris que le Code de procédure, avec les instructions dont il avait été accompagné, était d'une exécution presque impraticable en diverses parties ; de là vint l'ordonnance locale du 25 juin 1810 ; et à la suite, eurent lieu diverses dispositions à mesure que l'expérience en fit rencontrer la nécessité.

Aujourd'hui le Gouvernement français paraît avoir senti le besoin de s'occuper d'un plan uniforme. Il a nommé ses commissaires pour les deux Colonies : c'est du résultat de leurs travaux sur les lieux, que doit dépendre l'ouvrage qui fixera la jurisprudence coloniale. Il est sensible que la Martinique, n'ayant eu aucune expérience des Codes de procédure et de commerce, ne peut offrir les mêmes instructions que la Guadeloupe.

XVII.

La première observation est que la Cour supérieure, dans les Colonies, est et ne peut être composée que d'habitans aisés et propriétaires du pays. Des légistes de France, à supposer qu'ils présentassent toute la garantie désirable pour l'exercice de telles fonctions, ne pourraient venir administrer la justice dans un tel climat, pour des émolumens moindres que ceux que leur profession leur procurerait en exerçant les autres états qui y sont relatifs ; ce qui rendrait cette composition extrêmement coûteuse et mobile.

Les habitans, qui ont formé les Cours supérieures jusqu'à présent, rendent la justice gratuitement. On est obligé de convenir qu'aucune Cour de justice ne fut plus exempte du reproche de corruptibilité, et qu'aucun membre de ces Cours, depuis leur origine, n'a été entaché d'aucune action basse ou indigne d'un magistrat.

La Cour supérieure de la Guadeloupe a éprouvé des vicissitudes qui n'ont pas atteint celle de la Martinique. Les habitans qui la composent, ayant essuyé dans leur fortune les échecs auxquels a été exposée cette Colonie, ont été obligés de recevoir jusqu'à présent une indemnité annuelle pour leur déplacement dans les voyages et séjours qu'ils font au siége de la justice ; il est à désirer que cette circonstance puisse cesser, pour qu'il n'y ait aucune différence entre les deux Colonies. L'indépendance et l'énergie que cet avantage donne à une compagnie, se réunissent avec le droit ou le privilége précieux d'exercer cette noble magistrature dans son pays, sans partage avec des salariés.

Toutes ces causes ont influé sur l'espèce de découragement ou de décadence que les temps ont fait éprouver. La Compagnie de la Guadeloupe a fait diverses pertes qui n'ont pas été réparées. Aucune émulation ne s'est fait ressentir dans le pays pour concourir au recrutement de cette Compagnie. Il est bien à propos que le gouvernement en relève l'esprit par des encouragemens fixes et honorables qui en mettent les membres dans un état de considération aux yeux de la Société. C'est à SA MAJESTÉ d'établir ces distinctions utiles et honorifiques qui sont d'un si grand ressort pour les hommes que leur état peut mettre au-dessus de l'aiguillon de la fortune. Déjà la qualification de Cour royale, à la place de celle de Conseil supérieur, en associant cette institution à toutes celles du royaume, l'a affranchie de ce concours d'officiers administratifs et militaires qui venaient rendre la justice avec elle ; et c'est un grand pas vers l'indépendance qui doit appartenir essentiellement au magistrat.

Cependant une autre qualité non moins essentielle est sans doute l'instruction. Les nouvelles institutions annoncées à la Guadeloupe font connaître ce vœu, et même la condition d'un cours de droit, pour remplir les fonctions de juge, et surtout de juge en dernier ressort. Tout en maintenant le titre de création, ou en attendant l'effet des vues qui sont manifestées, le besoin de compléter une Cour suffisamment garnie de juges intruits, doit être senti par tous les justiciables, et doit occuper le Gouvernement.

Le privilége précieux d'avoir des juges de la Colonie, ne doit pas être entendu comme un privilége personnel et particulier à aucune classe d'habitans. La plus grande extension doit être donnée à cette concurrence parmi ceux qui sont propriétaires dans la Colonie. Les lumières et la moralité doivent faire les seuls moyens de parvenir dans le nouvel ordre de choses que la France a adopté (1).

XVIII.

Cette première considération d'avoir une Cour royale, composée d'habitans de la Colonie, amène déjà un changement dans la marche de la procédure, parce que des habitans propriétaires ne peuvent point s'absenter continuellement de leurs foyers. L'usage est qu'ils se réunissent tous les deux mois au lieu de leurs séances, et ces séances ne peuvent se prêter à la longueur des discussions qu'on évite par les délibérés. Un intervalle de deux mois est bien voisin de la déchéance de l'appel, comme aussi il rend illusoires et compliquées les questions d'exécution provisoire ou de dernier ressort. Ainsi la marche du Code est nécessairement modifiée.

---

(1) Il faut convenir qu'aucun pays n'eut moins besoin que nos colonies de la réforme des titres et des priviléges. La plus grande égalité comme la plus grande liberté règnent parmi tous les Blancs ou Français, Européens et créoles. On n'y reconnaît d'autre distinction que celle personnelle, qui peut être produite par une conduite honorable et par des services rendus dans la Colonie. Aussi aucun emploi, aucun état n'y dérogeait, avant la révolution pas plus qu'aujourd'hui.

XIX.

De même en première instance, il faut observer que les ajournemens sont fixés aux samedi et lundi, parce que les habitans de la campagne ne sauraient être déplacés indifféremment tous les jours de la semaine. La prudence exige que les ateliers soient surveillés par leurs maîtres pendant le cours de leurs travaux ; c'est l'occasion du dimanche qui met ceux-ci à même de fréquenter les villes pour leurs affaires. De là résulte que les tribunaux de première instance n'ont pas besoin d'avoir des séances continues ; le nombre des affaires d'ailleurs ne le comporte pas. Il y a donc nécessité à changer la marche du Code pour l'introduction des procès.

XX.

Ces exemples ne sont que des cas qui en représentent d'autre espèce, pour faire sentir la nécessité des modifications, parce qu'enfin les lois doivent être appropriées à la nature des choses.

Ainsi, le tarif de France n'a pu recevoir son application, quoiqu'on en ait fait l'essai. Il est sensible que les prix minutieux qui y sont portés, ne peuvent se réaliser dans les Colonies ; qu'il faut conséquemment y rendre la procédure infiniment simple et la dégager de tous les actes superflus qui peuvent en être séparés sans inconvénient : autrement les frais en seraient insupportables. Les Colonies de la Guadelouppe et de la

Martinique sont régies par un tarif général fait en 1771, pour tous les états ; on n'a eu besoin que d'y ajouter le changement de prix, proportionné à la distance des temps et au changement de toutes les valeurs.

XXI.

Il est encore de la nature des Colonies que le numéraire s'y verse de tous les pays et s'en écoule également, tandis qu'il ne s'y en fabrique point ; d'un tel état de choses, il résulte que la quantité de valeurs métalliques est absolument incertaine et précaire : et comme les habitans ne sauraient y suppléer que par leurs denrées pour remplir leurs engagemens, ils sont autorisés par l'usage, qui fait force de droit, à s'acquitter de cette manière (1).

XXII.

Le bel établissement de la justice de paix ne peut avoir lieu dans les Colonies, quoiqu'on ait voulu y

---

(1) Une considération semblable a déterminé à faire un objet d'attention spéciale de la procédure sur les saisies-arrêts. Les motifs de cette ordonnance modificative du Code, n'ont pas été exposés. Ils consistent en ce que le commerce des créances ou biens incorporels prend la place d'autres valeurs aux colonies, pour la libération des uns et des autres, en sorte que la voie judiciaire, qui est offerte à ce sujet à des créanciers, devient d'un emploi extrêmement étendu. Or, il a été reconnu que la procédure du Code sur les saisies-arrêts était infiniment trop coûteuse à la Guadeloupe où le Code était en vigueur. Il a donc fallu y porter une attention particulière, en raison de l'usage qu'on en fait et qui intéresse nécessairement les fortunes.

subvenir par des analogies. Il suffit de jeter un coup-d'œil sur l'organisation de la Société pour s'en convaincre.

Ce sont les habitans de la campagne qui forment la masse principale des justiciables. Ils sont dispersés sur leurs habitations où ils résident toute l'année. Il n'existe que peu de moyens commodes pour voyager, et peu de lieux de réunion dans quelques bourgs où chacun s'occupe de son industrie. La formalité de la conciliation ainsi indispensable, arrêterait nécessairement le cours de la justice.

On avait imaginé de ramener la justice de paix dans les villes principales où siégent les autres tribunaux : ce ce qui renversait l'esprit et le but de l'institution.

D'un autre côté, c'est une vérité bien notoire qu'il n'est pas de pays où les débiteurs jouissent de plus d'indulgence qu'aux Colonies, de la part de leurs créanciers.

XXIII.

Il en est de même de l'institution des juges commerçans. Cette profession ne ressemble point à celle de France. Les places de commerce aux Colonies peuvent être considérées comme des entrepôts entre le commerce de France et les planteurs, et les négocians comme des commissionnaires qui sortent rarement du cercle de leurs opérations. Il n'y a aucun lieu à ces questions que présente le commerce d'Europe, ni à aucune réunion en bourse. Il suffit de connaissances purement pratiques, et il est de l'esprit des Colonies, que chacun s'occupe de ses affaires incessamment, et que tous, à l'exception des planteurs, ont l'idée de se retirer en France.

On aurait donc bien de la peine à former un tribunal de commerce qui, dans tous les cas, ne serait institué que pour prononcer quelques condamnations, et n'occasionerait qu'une surcharge de tribunaux et de questions de compétence, là où il n'y a qu'à simplifier, et que peu d'occupation pour les tribunaux ordinaires.

Au reste, ceux-ci savent faire la distinction des affaires de commerce et y appliquer les dispositions qui y appartiennent.

XXIV.

Des circonstances et de faux motifs ont fait différer l'exécution de la saisie - réelle. Il n'est pas moins vrai qu'il n'y a pas de pays où elle soit plus nécessaire qu'aux Colonies, parce qu'il n'y a plus de ressource pour l'habitant qui s'est mis dans le cas de l'expropriation, et que les conséquences de cet état deviennent agravantes et irréparables à chaque instant.

Lors de la publication du Code civil à la Martinique, la partie de l'expropriation fut ajournée à la paix ; on y établit cependant le bureau des hypothèques.

A la Guadeloupe, on ajourna même la création de ce bureau. En 1811, sous le gouvernement anglais, le bureau fut établi ; mais l'expropriation resta suspendue, et conséquemment la saisie-réelle du Code de procedure.

Il est résulté de ce long intervalle, que les débiteurs qui ont désespéré de leur libération, n'ont travaillé qu'au détriment des biens dont ils ont cherché à soustraire les revenus à leurs créanciers ; en sorte qu'au moment où la saisie réelle sera mise en activité, les biens n'offriront aucune ressource, et seront surchargés de dettes qui excèderont trois ou quatre fois leur valeur.

La procédure de la saisie-réelle, quoique prise du Code de procédure, doit être extrêmement simplifiée et accélérée. Les praticiens, dans les Colonies, et surtout les huissiers, n'ont point l'habileté de ceux de la Métropole. D'ailleurs, comme nous l'avons dit, la multiplicité des actes complique, d'une manière effrayante pour les frais, le travail des études des avoués, parce que les prix exigés du tarif de France, ne sauraient trouver leur place là où le matériel et la main-d'œuvre sont déjà d'une valeur très-différente.

La procédure doit être accélérée, parce que les biens des Colonies représentant des capitaux considérables et ne recevant leur valeur que des ateliers de Noirs qui y sont attachés, l'incertitude de la propriété, à l'égard de ceux-ci, produit des conséquences plus ou moins ruineuses, en raison de la prolongation d'un tel état.

Il faut aussi ajouter que l'habitant qui a de la conduite, tant qu'il a quelques ressources, trouve toujours des encouragemens, des facilités et du crédit. La saisie-réelle ne sera jamais employée qu'à l'égard des débiteurs de qui il n'y a rien à espérer.

La saisie-réelle, en faisant sortir les biens des mains qui ne peuvent les conserver, les fera passer dans celles des personnes qui, par leurs capitaux, les rétabliront et les mettront en valeur; ce qui offrira une masse de produits qui augmenteront les denrées destinées à alimenter le commerce de la Métropole.

XXV.

Il est de la nature des propriétés rurales dans les Colonies, qu'on ne peut ni ne doit y placer passagèrement un étranger, parce que les Noirs doivent être dévoués à leurs maîtres, et ne doivent reconnaître d'autre autorité que la sienne. De là, il résulte que la saisie-brandon a toujours été considérée comme inconvenante dans notre système judiciaire; et si même elle y recevait son exécution, elle ne serait qu'un moyen de collusion, comme l'a toujours été l'antichrèse en l'absence de la saisie-réelle.

C'est une conséquence de ce même principe, qui a fait admettre en loi que le planteur saisi doit nécessairement être le gardien de ses effets saisis. Mais une autre conséquence de ce privilége devait être que le planteur devait représenter et rendre sur le marché le plus prochain les effets dont il était gardien , parce que ce n'est que par ses Noirs et ses moyens de transport , qu'il doit les faire sortir de chez lui où lui seul exerce l'autorité et le droit de propriété.

Comme la loi coloniale ne s'est point expliquée là-dessus , il en résulte qu'aucune saisie-exécution ne peut avoir d'effet , en sorte que l'on peut dire que la justice est nulle. Il faut nécessairement qu'en reconnaissant ce qui est dû aux principes coloniaux , on rende à l'exercice des droits et actions des créanciers toute la latitude que la loi exige.

La mesure du séquestre judiciaire est la seule qui comporte l'établissement d'une personne étrangère sur une habitation , parce qu'elle suspend entièrement les droits du propriétaire , dans les cas forcés où cette mesure est nécessaire.

XXVI.

Il existe bien d'autres considérations qui peuvent faire sentir le besoin de modifications. Nous répétons cette observation , que les modifications ne nuisent point au principe de la loi , et qu'il ne s'agit que de les rendre uniformes dans les deux colonies de la Guade-loupe et de la Martinique.

D'un autre côté , il est certaines dispositions du Code civil qui sont exhorbitantes des facultés des Colonies ; telle est celle qui permet indifféremment , pour toutes dettes , de réclamer les intérêts des intérêts. Nous ignorons si cette disposition, qui n'existait dans l'ancien droit de la France que pour les intérêts pupillaires, peut y être aujourd'hui plus tolérable ; mais il est certain qu'elle est excessive pour les biens des Colonies. Ces biens sont sujets à des événemens majeurs qui ne sont point connus en Europe, et qui détruisent à-la-fois plus ou moins de capitaux immobiliers. Aussi la manière de les vendre est de n'exiger qu'une faible partie comptant, et de donner divers termes, sans intérêt pour l'expectative de ces termes. D'après cela, il est évident que la faculté d'exiger des intérêts des intérêts survenus depuis ces termes, joints à des frais qui sont encore plus coûteux que l'objet ne le mérite, devient insupportable et ôte tout moyen de se libérer (1).

Une règle de procédure bien importante, est l'ajournement donné en France à un colon qui réside dans son domicile. De quelque manière que soit établie cette forme d'ajournement, elle est contraire au principe le plus sacré, qui est celui du domicile où doit être assigné

---

(1) Il y a une disposition reçue généralement et qui est passée en 'force de loi ; les intérêts des créances contractées avant 1794 et qui ont couru depuis cette année jusqu'au 22 septembre 1802, ont été déclarés inexigibles. Cela est fondé sur ce que, en 1814, la liberté des Noirs fut proclamée à la Guadeloupe, et fut maintenue jusqu'en 1802. Cet événement a rendu nulles toutes les propriétés pendant ce temps-là. Le gouvernement de la Guadeloupe, qui a déféré cette mesure à celui qui existait en France à cette époque de 1802, et qui en a reçu l'approbation, au moins implicitement, n'a point encore publié dans cette Colonie la solution définitive de cette disposition, émise provisoirement. Cette solution ne peut être différée, à cause des liquidations et des jugemens d'ordre sur les saisies-réelles;

le défendeur. Elle est également contraire au privilége de Français, qui appartient à un Colon ; il est à désirer que ce mode soit changé.

XXVII.

Une considération qui doit entrer dans les principes des modifications, est la situation topographique des Colonies. Elles sont isolées , et séparées de la Métropole par des espaces immenses. Si les lois et les affections les tiennent unies, néanmoins l'abus de l'intérêt particulier trouve une porte ouverte de tous les côtés, et l'occasion facile de mettre à profit son pécule illicite. C'est pourquoi toutes les qualités précaires , telles que celles d'héritiers bénéficiaires et autres , sont très-arbitraires et devraient être restreintes par des délais et des conditions que la loi n'a pas jugé nécessaires dans un système de législation fait pour le continent (1).

Cette considération se fera sentir dans une multitude de circonstances qui assimilent aux débiteurs forains les particuliers des Colonies, et qui devraient

____

(1) L'expérience fait connaître qu'aucune liquidation ne s'effectue dans les Colonies. Il est nécessaire que toutes les fois qu'il y aura une masse d'une nature quelconque , le tribunal nomme d'office un syndic des créanciers, qui soit chargé et tenu d'exercer toutes les actions qui composent les intérêts de cette masse, jusqu'à parfaite liquidation , avec le privilége de toutes ses avances, et une commission de dix pour cent sur le résidu afférant aux créanciers en définitive.

permettre en ce cas l'usage des moyens extraordinaires que la loi indique.

C'est sans doute de cette considération qu'est née la disposition coloniale qui veut que tout particulier qui sort du pays, donne une caution de tous les engagemens qu'il peut y laisser , disposition dont la rigueur est extrême , quand le péril de la vie fait une loi au particulier de quitter ce pays.

L'édit des chemins et celui des successions vacantes sont des exemples frappans et précieux des modifications que la nature des Colonies apporte à la législation française. Le second n'a produit des abus monstrueux que parce qu'on en a violé l'article principal , qui mettait cette institution , et surtout la nomination des curateurs , sous la seule sauve-garde de la Cour supérieure.

XXVIII.

Les crimes sont relégués aux Colonies dans la classe des esclaves. On ne voit pas quarante procédures criminelles par an dans le ressort de la cour de la Guadeloupe, et il n'y en a pas six concernant les Blancs.

Les esclaves se nuisent entre eux , et souvent même , pour nuire aux Blancs ; ce qui est le plus grand mal. Tous les genres de destruction leur sont familiers. Une justice prompte et sévère est souvent nécessaire ; l'intérêt du maître est toujours une sauve-garde ou une défense naturelle pour l'esclave qui n'est point un mauvais sujet. L'esprit de la Cour supérieure est très-enclin à la douceur ; elle est avare de sang ; et pourvu qu'il n'y ait point un crime capital, l'emprisonnement et les galères à temps sont le résultat ordinaire des procès.

A l'égard des Blancs, il est extrêmement rare qu'il y ait une occasion de prononcer une peine capitale ; et en ce qui concerne toutes autres peines afflictives, la bienséance, qui ne permet point de mettre le Blanc à côté des Noirs dans le rang des châtimens, fait convertir presque toutes les sentences en bannissemens.

L'on conçoit que dans un tel état de choses la précision du Code criminel et l'institution du jury ne sont pas praticables. L'ancienne ordonnance criminelle avec les modifications adaptées à l'esprit de réforme, est la seule loi qui puisse être appliquée.

XXIX.

Dans tout cet ordre de choses, on n'apercevait aucun corps qui surveillât les intérêts des Colonies : c'étaient sans doute les seules parties de la domination du Roi, qui fussent privées de cet avantage. Il est cependant de toute justice, que les administrés auxquels on demande des sommes sous différens titres, puissent en connaître l'emploi et faire au moins des observations, et des propositions d'amélioration. Les rapports primitifs entre la France et ses Colonies sont bien changés ; celles-ci ne fournissaient qu'un subside, et la France faisait tous les frais de protection et de souveraineté. Aujourd'hui, c'est la France qui fournit le subside, et les Colonies font toute la dépense qui est bien augmentée. Les Colonies sont loin de murmurer, parce qu'elles connaissent toutes les charges de la mère-patrie, et que leur dévoûment doit être proportionné à la protection qu'elles attendent d'elle pour le maintien de leur sûreté et pour la conservation de leurs priviléges.

Le Roi vient de créer dans chaque colonie, sous le titre de comité consultatif, une réunion de Colons pour remplir le but desiré. Dans quelques bornes que la sagesse royale ait cru devoir tenir cette institution naissante, elle ne laissera pas que d'être très-utile à la Colonie, si elle est bien composée et si elle porte dans ses fonctions, comme il faut l'espérer, l'examen scrupuleux et l'indépendance que les administrés doivent attendre d'elle : et cette institution se perfectionnera, en obtenant par la suite de la sollicitude du roi, une confiance que des premiers essais peuvent restreindre, pour notre propre bien-être, après l'expérience des corps représentatifs et délibérans dans les Colonies.

Enfin la nomination d'un député de chaque Colonie auprès du gouvernement, pour correspondre entre ses commettans et le gouvernement, donne encore le dernier sceau à nos espérances, si le roi, comme il faut l'attendre de sa justice, met ce député sur un pied égal avec les organes des négocians français, pour obtenir la balance entre leurs intérêts et ceux des Colons, dans le sens véritable du pacte qui a lié les Colonies avec la Métropole.

XXX.

Ces institutions ont été bien tardives, il est vrai. Elles se marient naturellement avec celle de la cour Royale. Celle-ci réduite à son essence purement judiciaire, et exerçant généreusment le beau privilége de la magistrature supérieure dans son pays, jouira d'une liberté et d'une énergie qui rivaliseront avec celles du comité consultatif. Les Colonies n'ont besoin que d'être ranimées par l'émulation qui naît d'heureuses institutions et de principes fixes. C'est cette émulation qui jettera des lumières dans ces corps, qui formera des magistrats et des administrateurs, et qui éclairera à son tour le Gouvernement Français sur ses véritables intérêts trop long-temps méconnus à l'égard des Colonies.

DE BOVIS.